AF349782

RECHERCHES

SUR

LES BOURREAUX DU CHRIST

ET

SUR LES AGENTS CHARGÉS DES EXÉCUTIONS CAPITALES

CHEZ LES ROMAINS.

EXTRAIT DU TOME XXVI, 2ᵉ PARTIE,

DES MÉMOIRES

DE L'ACADÉMIE DES INSCRIPTIONS ET BELLES-LETTRES.

RECHERCHES

SUR

LES BOURREAUX DU CHRIST

ET

SUR LES AGENTS CHARGÉS DES EXÉCUTIONS CAPITALES

CHEZ LES ROMAINS,

PAR M. EDMOND LE BLANT.

PARIS.

IMPRIMERIE IMPÉRIALE.

M DCCC LXX.

RECHERCHES

SUR

LES BOURREAUX DU CHRIST

ET

SUR LES AGENTS CHARGÉS DES EXÉCUTIONS CAPITALES

CHEZ LES ROMAINS.

Les études que je poursuis sur l'histoire des persécutions chrétiennes envisagées au point de vue du droit romain ont mis sous mes yeux le détail des procès criminels et des supplices. J'ai vu que l'exécution de ceux que condamnait la loi était confiée aux *apparitores*, agents groupés autour du magistrat et spécialement attachés au service de son tribunal. Afin de mieux connaître la condition de ces fonctionnaires, j'ai dû chercher dans des âges plus anciens, comme dans les temps qui ont suivi le triomphe de l'Église, l'origine et le rôle de l'*apparitio*. La réunion des renseignements que m'a fournis cette étude d'ensemble m'a montré que, au point de vue qui m'occupe, le système n'a pas varié; que, depuis les premiers âges de Rome jusqu'aux derniers temps de l'Empire, la charge de mettre à mort les malheureux déférés au juge criminel a toujours incombé aux mêmes agents.

Et pourtant, si nous devons suivre l'opinion accréditée depuis quatre siècles, la plus célèbre des exécutions, celle de Notre-Seigneur Jésus-Christ, aurait été confiée à un détachement de l'armée. Isolé au milieu de tous les autres, un pareil fait m'a semblé difficile à admettre, puisque le Sauveur a été crucifié entre deux malfaiteurs vulgaires, c'est-à-dire dans les conditions communes. J'ai donc cru qu'il ne serait pas inutile de faire ressortir cette exception, en plaçant sous les yeux du lecteur quelques-uns des éléments qui m'ont amené à la reconnaître. Tel est le but de mon mémoire.

I

Des soldats de Pilate ont, dans le prétoire, accablé d'outrages Notre-Seigneur; ils l'ont ensuite mené au supplice, se sont partagé ses vêtements, l'ont mis en croix et sont demeurés au pied de l'instrument de mort jusqu'à ce que le Christ ait rendu l'âme. Ces soldats formaient une cohorte, et un centurion figure parmi ceux qui furent chargés d'exécuter la sentence.

Voilà ce que rapporte l'Évangile, et, pour les exégètes modernes, Vatable, Baronius, Grotius, dom Calmet, Strauss et tant d'autres, les livres saints parlent ici d'une cohorte de l'armée. Aucun doute ne s'élève chez les commentateurs du Nouveau Testament, et, à l'heure où nous sommes, l'Évangile sert à établir que les soldats romains, descendant, en vertu de la loi, au métier de bourreau, mettaient à mort les condamnés et s'en partageaient les dépouilles.

Au commencement du xvii⁰ siècle, pourtant, un savant jurisconsulte, Panciroli, dit en passant que les bourreaux du Christ devaient être des agents de la cohorte spéciale qui entourait les gouverneurs de province[1]. Cent ans plus tard, un théologien. Hyacinthe Serry, mentionne et soutient une opinion d'après laquelle le Seigneur aurait été flagellé et crucifié par des esclaves publics[2]. C'était la reproduction d'une idée depuis longtemps répandue, et que Baronius avait rejetée d'un seul mot[3].

Ces divergences de sentiments valaient toutefois que l'on allât au fond des choses.

Une circonstance notée par les évangélistes peut faire tout d'abord hésiter à voir, dans les outrages subis par Notre-Seigneur, des actes accomplis par une cohorte de l'armée. Saint Matthieu et saint Marc nous apprennent en même temps que « toute la cohorte » s'assembla autour du Christ et l'insulta dans le prétoire de Pilate[4]. Je ne saurais dire, à coup sûr, quelle était l'étendue de ce prétoire, et s'il a pu contenir toute une cohorte militaire; mais j'avoue que, dans les circonstances données, les paroles de saint Matthieu et de saint Marc me paraissent s'appliquer moins facilement à une troupe nombreuse qu'à une petite escouade.

Si, d'autre part, je me reporte à ce que l'histoire de Rome nous apprend sur la suite des affaires criminelles, sur les exécutions capitales, je ne puis me défendre de songer que les gouverneurs de province avaient sous leurs ordres, pour l'administration de la justice et pour la punition des méfaits, un groupe d'agents spéciaux, nommés appariteurs. qui les suivait

---

[1] *Notitia dignitatum*, Orient. cap. IX. éd. de 1608, p. 10.

[2] *Exercitationes de Christo ejusque matre*, p. 391. Venet. 1719, in-4°.

[3] *Annales*, an. 34. § 85.

[4] « Tunc milites præsidis, suscipientes Jesum in prætorium, congregaverunt ad eum universam cohortem. » Matth. XXVII, 27.) — « Milites autem duxerunt eum in atrium prætorii (ἔσω τῆς αὐλῆς, ὅ ἐστι « πραιτώριον). et convocant totam cohortem. » Marc. XV. 16. Cf. Joh. XIX. 2, 3. Suivant les deux premiers évangélistes, le fait est postérieur au prononcé de la sentence; il lui est antérieur, selon saint Jean.

dans leurs tournées, et dont la force, la fonction constante, répondent aux données de l'Évangile. Ce sont ces hommes, fréquemment désignés, ainsi qu'on le verra ci-après, sous le nom de soldats, que je crois reconnaître dans les *milites* mentionnés par les livres saints comme les bourreaux de Jésus-Christ; et, pour appuyer tout d'abord ma proposition, j'ajouterai aux textes sans nombre réunis depuis quatre siècles, pour le commentaire historique de la Passion du Christ, un témoignage demeuré inaperçu, et qui ne saurait être négligé dans la question que je soulève.

Dans son explication du soixante-troisième psaume, le saint évêque d'Hippone, parlant de l'heure où le Seigneur fut mis en croix, s'exprime ainsi : « Apparitores potestatis hora sexta « crucifixerunt [1]. » Ainsi donc, aux yeux de saint Augustin, les soldats dont parle l'Évangile étaient des appariteurs de Pilate. C'est à ce même sentiment, fondé pour l'illustre docteur sur la tradition de l'Église et sur la connaissance des choses romaines [2], que m'ont également mené, je le répète, mes études sur les poursuites criminelles. Pour l'élucidation de la question posée, aussi bien que pour l'intelligence du passage que je viens de citer, on me permettra de réunir ici les déductions et les témoignages qui, indépendamment même de ce texte, ont formé ma conviction.

Ce qu'était l'agence spéciale obéissant au gouverneur et désignée, suivant les âges, sous des appellations diverses dont j'ai montré ailleurs la synonymie, *apparitio*, *officium*, *ministerium*, je le rechercherai ici, en m'éclairant, sur mon chemin,

---

[1] *Enarr. in Psalm.* LXIII, § 5.

[2] Il est à peine utile de rappeler que la *Cité de Dieu*, pour ne nommer ici qu'un seul ouvrage du grand évêque, montre à quel degré l'histoire et la littérature de l'ancienne Rome étaient connues de saint Augustin.

des documents antérieurs au Christ, comme de ceux qui lui sont postérieurs. La réunion de ces textes épars servira à faire comprendre l'organisation et le rôle des hommes que je dois mettre en scène.

Les Verrines nous les font voir à l'œuvre. Autour du gouverneur de la Sicile se groupe un cortége composé de familiers et de fonctionnaires. C'est la cohorte du chef de la province. Cicéron nomme quelques-uns des appariteurs qui en formaient la partie agissante, et qui, improprement ou non, étaient comptés dans la cohorte : l'*accensus*, le *præco*, les *scribæ*, les *lictores* [1]. Une *manus armata* constitue la force vive de ce groupe [2]. Ce sont des *servi venerii* [3], esclaves publics, qui, eux aussi, reçoivent le nom d'appariteurs [4].

Les actes de cette portion du cortége de Verrès en montrent l'emploi et le rôle. Les *servi publici* et les licteurs opèrent les arrestations, somment les accusés de comparaître, prêtent main-forte à la justice, flagellent et supplicient [5]. Cela ne se voit point seulement au temps de Cicéron. La première mention que je trouve de l'*apparitio* nous reporte aux origines mêmes de Rome, qui l'avait empruntée aux Étrusques [6]. Nulle institution ne se montra plus vivace; car, sauf quelques changements intervenus, non dans les attributions de ses agents, mais dans la désignation de leur groupe et de quelques-uns de leurs grades, nous retrouvons, sous le Bas-Empire, l'*apparitio* portant le même nom et exerçant le même office qu'aux

---

[1] « Comites illi tui delecti erant manus tuæ; præfecti, scribæ, medici, accensi, aruspices, præcones erant manus tuæ,.... cohors illa tua. » (Cicero, II *Verr.* ii, 10. Cf. *Epist. ad Quintum*, I, 1, § 4, etc.)

[2] II *Verr.* iv, 43.

[3] II *Verr.* ii, 38; iii, 25; iv, 43 et 46; v, 54. Cf. *Pro Cluentio*, v.

[4] Voyez ci-après, p. 9, note 8.

[5] II *Verr.* iii, 25; iii, 38; v, 54; iii, 22; v, 53; iii, 67; v, 45.

[6] Tit. Liv. I, viii. Cf. Sallust. *Catil.* li, al. lii; Florus, I, v; Sil. Ital. VIII; etc.

temps les plus anciens. Cicéron et saint Augustin nous apprennent que, sous la République, ainsi qu'au ive siècle, elle accompagnait les gouverneurs dans leurs tournées judiciaires [1]. Les Commentaires de César, les Verrines, Dion Cassius, aussi bien que le *De mortibus persecutorum* et Ammien Marcellin, nous la font voir recouvrant les impôts [2]. S'agit-il de citer les accusés ou les plaideurs à comparaître [3], faut-il prendre des gages pour assurer l'obéissance au magistrat [4], pourvoir à l'exécution des jugements civils [5], c'est elle qui, d'après Tite-Live, les Verrines, le Digeste, les Institutes, est chargée de ce soin. De tous temps, nous la voyons opérer les arrestations qui ne demandent pas un déploiement de forces exceptionnelles. Pour ne citer ici que des époques extrêmes, Tite-Live et Cicéron en témoignent, avec Ammien Marcellin et le Code Théodosien [6]. Des écrits d'âges divers nous le font voir encore : c'est par le ministère des *apparitores* que s'accomplissent les actes relatifs au service du tribunal [7] qu'ils entou-

---

[1] Verrès, qui réside à Syracuse (Cic. II *Verr.* v, 107), emploie à Agrigente, où il est venu (iv, 43), la *manus armata* de son *apparitio*, commandée par son *accensus* Timarchide (ii, 66). Le même fait se reproduit à Catane (iv, 45).

Une circonstance notée par saint Augustin, dans l'histoire des Donatistes, nous montre aussi les gouverneurs entourés de l'*apparitio* quand ils parcourent leurs provinces. (*Epist.* CLXXXV, c. iii, § 12 : Bonifatio.)

[2] César. *De bello Gall.* III, xxxii. — Cic. II *Verr.* iii, 40 et 79. — Dio Cassius. LX, x. — *De moribus persec.* cap. vii et xxxi. — Amm. Marc. XVIII, iii, 6.

[3] Tit. Liv. VI, xxv. XXII, xi. — Cic. *Contra Vat.* ix ; *Pro Fonteio*, xvi ; II *Verr.* ii, 38 ; v, 54.

[4] Tit. Liv. III, xxxviii. — L. 50, *De evictione.* (*Digest.* XXI, 2, Ulp.). Cf. Frontin. *De aquaeductibus urbis Romae*, chapitre cxxix rapproché des chapitres c et ci.

[5] L. 1, § 2, *Si ventris nomine…* (*Digest.* XXV, 5, Ulp.) L. 4, § 7, *Ut in possess.* (*Digest.* XXXVI, 4, Ulp.) — Papin. *Res pons.* XXIX. — L. 5, *De jure fisci* (*Cod. Just.* X, 1, Diocl.). — *Instit. Just.* IV, vi, § 24.

[6] Tit. Liv. III, lvi. — Cic. II *Verr.* iii, 25. — Amm. Marc. XXVIII, i. — *Const.* 1, *De officio judicum omnium* (*Cod. Th.* I, 10).

[7] Tit. Liv. III, xlv. — Cic. II *Verr.* ii, 30. — Tacit. *Ann.* XVI, xxxii. — Apul. *Metam.* X, éd. Oudendorp, t. I, p. 697.

rent[1]; ce sont eux qui, à l'audience, donnent lecture des
pièces[2] et qui fournissent les renseignements nécessaires à l'administration de la justice[3]; ce sont eux qui, sous la République, flagellent et sans doute torturent, comme ils le font
sous l'Empire[4].

Ainsi s'établit tout d'abord la constance des attributions de
l'*apparitio*. Mais il est un point plus important pour la question
qui m'occupe; c'est de montrer par quelles mains s'opéraient
les exécutions capitales ordonnées par des jugements. Je ten-
terai de le faire voir pour tous les temps de l'histoire romaine,
à compter des âges les plus antiques, mais sans m'occuper de
Rome même, puisqu'il s'agit, dans la Passion, d'un fait accompli en province, et qu'il convient d'établir, autant qu'il est
possible, une parité absolue entre les termes de comparaison.
Je noterai toutefois, en passant, que les textes ne mentionnent
pas, en ce qui touche la ville éternelle, d'autres agents régu-
liers d'exécution que le licteur et un bourreau, relégué dans le
quartier de Suburre, avec l'appareil épouvantable de ses instruments de torture et de mort[5].

A Teanum et à Calès, pour prendre ici les exemples les
plus anciens, des Campaniens sont battus de verges et déca-

---

[1] Tit. Liv. XLV. XXIX. — Prudent. *Perist.*
XI, S. *Hippol.* v. 49. 50. — Liban. *Contra
Tisam.* ed. Reiske. t. II. p. 241. — S. Am-
bros. *Sermo III in Psalm.* CXVIII, § 42.—
S. Chrysost. *Hom. II De cruce et latrone*,
§ 4.

[2] Cic. II *Verr.* III, 10 — *Acta S. Agap.*
§ 3. (Ruinart. *Acta sincera*, ed. de 1713.
p. 393.) — S. Aug. *Contra Crescon.* III,
XXIX, *Collat. Karth.* III, 147.

[3] Tertull. *Ad Scap.* IV. — Prudent. *Peristeph* X. S. *Roman.* v. 111. — *Acta*

S. *Symph.* § 2. (*Acta sincera*, p. 80.) —
S. August. *Enarr. II in Psalm.* XXI. § 3. —
Brevic. collat. III. XVII. 11.

[4] Voyez, pour la flagellation : Cicero,
II *Verr.* v. 63 : S. August. *Sermo CCCVIII.
in decoll. S Joh. Bapt.* II. § 2 : — pour la
question : *Acta passi.* S. *Felic.* à la suite des
Œuvres de S. Optat. éd. de 1700, p. 225:
Prud. *Perist.* III. S. *Eulal.* v. 98 et suiv.

[5] Cic. *Pro Rabirio*, IV. — Suet. *Claud.*
XV. — Mart *Epigr.* II. 17. — Sid. Apoll.
Epist. I. 7.

Les bourreaux du Christ.

pités par le licteur [1]. Cet agent remplit le même office dans une circonstance relatée par le père de Sénèque [2]. Le même appariteur exécute, en Sicile, les malheureux que Verrès a condamnés du haut de son tribunal [3]. Plus tard Juvénal, mettant en scène un patricien et lui traçant les devoirs du gouverneur de province, écrit ces vers célèbres :

> Si frangis virgas sociorum in sanguine, si te
> Delectant hebetes lasso lictore secures [4] . . . . .

Pousserons-nous plus loin : ce sont encore les licteurs qui, au temps des persécutions, mettent à mort saint Romain, saint Nicéphore, saint Rogatien, saint Arcadius et leurs compagnons [5]. A côté du passage où Lydus nous montre les mêmes hommes armés de verges et d'instruments de supplice [6], je rencontre les paroles indignées de Drepanius sur ces évêques qui ne craignaient pas de monter à l'autel, « quum judiciis « capitalibus adstitissent, quum gemitus et tormenta misero- « rum auribus ac luminibus hausissent, quum lictorum arma, « quum damnatorum frena tractassent [7]. » Voici, dans une lettre de saint Jérôme, une sainte femme condamnée par le jugement du consulaire et frappée par un *spiculator*, qui est un *lictor*, car l'illustre Père applique là ces deux noms au même bourreau [8].

Veut-on voir ailleurs les *apparitores* désignés sous une autre de leurs appellations, celle de *ministri*, nous remonterons plus

---

[1] Tit. Liv. XXVI. xv et xvi.

[2] Controv. IV. xxv ; Declam. IX. 11.

[3] II Verr. III, 67 ; v. 43 et 44.

[4] Satir. VIII . v. 136 et 137.

[5] Prud. Perist. hymn. X. v. 1108 et suiv. — Certamen S. Niceph. § 6 et 8; Passio S. Rogat. § 6; Passio S. Arcad. § 4. Acta SS. p. 242, 243, 244, 282, 330.

[6] De magistratibus reipublicæ Romanæ, III. xvi, ed. de Bonn. p. 210.

[7] Drepanius, Panegyricus Theodosio dictus, § 29.

[8] Epist. I ad Innocentium, § 7. — La même identification se retrouve dans les Actes de saint Rogatien. § 6. Acta sincera, p. 282.

haut avec Quintilien, qui dit : « Leges omnes quæcumque de
« suppliciis scriptæ sunt ad eos pertinere qui damnati sunt,
« qui in judicio convicti, qui per ministeria publica ac carni-
« ficum manum occiduntur [1]. » La version donnée par Rufin
de l'Histoire ecclésiastique d'Eusèbe [2], les *Acta sincera* montrent
les *ministri* crucifiant, décapitant ou brûlant les chrétiens [3]; et
si nous ne trouvons pas toujours dans ces derniers textes des
mentions précises, c'est que l'on y emploie, le plus souvent,
en parlant des bourreaux, les mots vagues *tortores, carnifices,
quæstionarii, ministri diaboli, ministri iniquitatis.* Que ces expressions désignent des appariteurs, cela toutefois s'établit facilement et par des preuves nombreuses. C'est ainsi que, pour ne
point parler des auteurs classiques [4], les Actes de saint Vincent
nomment, dans un même paragraphe, les gens de l'*apparitio* :
tortores, carnifices, apparitores, lictores [5]; que Prudence appelle
tour à tour ces hommes *ministri* et *lictores* [6]; que saint Jérôme,
dans sa lettre à Innocentius, donne au même exécuteur les
noms de *tortor, carnifex, lictor, spiculator* [7].

On sait que les *servi publici* étaient comptés parmi les appariteurs. Des textes de Cicéron et la comparaison d'un passage
de saint Optat avec une lettre de l'empereur Constantin [8] le

---

[1] *Declam.* CCLXXVII.

[2] Lib. VIII, cap. VI.

[3] *Passio S. Epipod. et Alex.* § 11; *Passio
S. Rogatiani,* § 6; *Passio S. Iren. episc.
Sirm.* § 5; *Passio S. Philip.* § 13; *Passio
S. Afræ,* § 3. (*Acta sinc.* p. 77, 282, 403,
429, 456.)

[4] Cic. II *Verr.* v, 45.—Senec. *Controv.*
IV, xxv.

[5] § 5. (*Acta sincera,* p. 368.)

[6] *Peristeph.* III, v. 98 et 175; V, v. 98;
X, v. 71 et 555, 445 et suiv. 691, 817.

[7] *Epist.* I. — Il en est de même pour les
Actes de saint Rogatien, où les appariteurs
sont désignés sous les noms de *ministri,
lictor, spiculator.* (§ 6. *Acta sinc.* p. 282.)
Dans le sermon de saint Zénon, *De S. Ar-
calio,* qui est calqué sur les Actes du saint,
les expressions vagues *percussores, carnifices,* répondent au mot *lictores* du récit
original. (Bolland. 12 jan.)

[8] II *Verr.* III, 25 : « Venerios... appa-
« ritores; » 38 : « Venerius apparitor; » cf.
27.— S. Optat. *De Schism. Donat.* L, 28 :

montrent pour deux époques différentes. Or nous voyons, à
Minturnes, un esclave public envoyé pour tuer Marius, qu'a
condamné un jugement du Sénat[1], et plus tard, sous le règne
d'Hadrien, Artémidore parle d'une femme brûlée par un esclave public, dans la chaudière publique destinée à cet usage[2].
C'était ainsi que, autrefois, à Rome, un *servus publicus* avait pré-
cipité du haut de la roche Tarpéienne le vainqueur des Gaulois[3].

Voilà ce que nous apprennent les témoignages anciens des
dates les plus diverses, et je n'ai point encore trouvé un seul
exemple d'exécution faite par la main des soldats, après un jugement rendu par le magistrat civil.

Je n'ignore pas que, dans l'histoire romaine, et comme on
le rappelle sans cesse en parlant de la Passion du Christ, nous
voyons souvent des soldats, des centurions, des tribuns même
egorgeant de leur main ou faisant tuer devant eux les victimes
que les souverains désignaient à leurs coups. Ce fut ainsi que
périrent Messaline, Lollia, Agrippine, Lateranus, Sénèque et
le petit-fils de Tibère[4]. « Même au milieu des délassements, au
sein des jeux et des plaisirs, dit Suétone, l'instinct féroce de
Caligula se faisait jour; souvent, dans ses soupers et ses or-
gies, on donnait la question sous ses yeux. Un soldat, singu-
lièrement habile à couper les têtes, décapitait tous ceux des
prisonniers que l'on amenait[5]. » Telles étaient les sanglantes
fantaisies de l'homme qui envoyait les captifs à la mort, sans

---

[1] ...s donis officialis publici. — *Epist. Const.
ad Probianum proc. Afr.* « Solnem ser-
vus publicum. » (P. 23 et 28) des *Œuvres de saint Optat*, édition de 1700.)

[2] Vell. Pat. II, XIX, 12.

[3] Clairemont. V, xxv
Dio Cass. *Fragm.* XXXI, ed. Reimar.
I, p. 56.

[4] Tacit. *Ann.* XI, xxxviii; XII, xxii;
XIV, viii; XV, 15. — Suet. *Calig.* xxiii.
Voyez encore Ælius Lampridius, *Heliog.*
xvi, etc.

[5] Miles, decolla, di artifex, quibus-
cumque e custodia capita amputabat.
(Suet. *Calig.* xxii.)

vouloir s'informer des causes de leur arrestation[1], qui torturait par plaisir ses victimes et les faisait tuer à petits coups[2].

Pour qui veut étudier l'histoire des exécutions judiciaires, aucun enseignement utile ne saurait se dégager de pareils faits. Tout ici nous éloigne des notions de la justice et du droit. Au premier siècle, un écrivain dit que, en matière de supplice, la loi détermine tout : le mode, le lieu d'exécution, la main qui doit frapper, et que, même pour un esclave, un captif, il ne saurait être permis de l'oublier[3]. Et pourtant, voici que de hauts personnages, voués à la mort par le souverain, périssent, chez eux, à table, dans les bains, dans les gymnases[4]. Les hommes qui les frappent ne sont point même les *speculatores*, les *quæstionarii* de l'armée chargés des exécutions militaires. C'est un centurion, c'est un tribun, c'est un soldat, selon le gré du prince[5]. « Omnis pœna, écrivent Quintilien « et Sénèque, non tam ad delictum pertinet quam ad exem- « plum..... Animadversiones, quæ notiores sunt, plus ad « exemplum emendationesque proficiunt[6]. » C'est là un principe éternel. Interrogeons maintenant Suétone et Tacite[7], et voyons si la publicité était bonne aux assassinats des tyrans. Le premier acte de Tibère, devenu empereur, fut le meurtre de Postumus Agrippa. Un centurion mit à mort la victime. « Lorsqu'il vint dire au prince, selon la coutume militaire, que « son commandement était accompli, celui-ci répondit qu'il

---

[1] « Nullius inspecto elogio. » (Suet. *Calig.* XXVII.)

[2] Senec. *De ira*, III. XX. — Suet. *Calig.* XXX.

[3] « Nec de servo quidem aut captivo, « omni loco, aut omni genere, aut per quos « libebit, supplicium sumi fas est. » Cass. Severus, dans Sénèque. *Contro.* IV. XXV.;

[4] Senec. *De ira*, III. XX. — Tacit. *Ann.* XIV. LIX. — Spartian. *Carac.* IV.

[5] Tacit. *Ann.* I. VI. — Suet. *Calig.* XX et XXIII. — Lamprid. *Heliog.* XVI; etc.

[6] Quintil. *Declam.* CCLXXIV. pars altera. — Senec. *De ira*, III. XIX.

[7] Tacit. *Annal.* I. VI — Suet. *Tiber.* XXII.

« n'avait rien ordonné et qu'il faudrait rendre compte au Sénat
« de ce que l'on avait fait. Il voulait échapper pour le moment
« à l'indignation publique. Salluste Crispus, qui était du com-
« plot, car il avait envoyé un billet au tribun, fut informé de
« cette réponse. Tremblant d'être impliqué dans une affaire où
« il serait également dangereux d'avouer ou de céler la vérité,
« il parla à Livie, lui représentant qu'il ne fallait point divul-
« guer les secrets du palais, les délibérations intimes, les exé-
« cutions confiées à des soldats[1]. L'empereur, ajoute Suétone,
« étouffa cette affaire[2]. »

Plus loin, dans ses Annales, Tacite raconte comment, sur
l'ordre de Néron, Vestinus fut mis à mort par un médecin,
sous la surveillance des soldats. Les paroles de l'historien pei-
gnent d'un seul trait l'iniquité de pareils meurtres. « Le prince,
« ne pouvant, dit-il, se couvrir des formes judiciaires, eut re-
« cours aux moyens de la tyrannie[3]. »

A l'heure donc où le but que je poursuis me mène à étudier, dans sa marche régulière, le système pénal des Romains,
je n'ai pas plus à m'arrêter à de semblables violences que je
n'aurais à choisir, au xvie siècle, comme type des exécutions
judiciaires, le meurtre du duc de Guise par les familiers de
Henri III.

II

Depuis la renaissance des lettres jusqu'à ce jour, trois textes
sont unanimement allégués pour soutenir l'opinion qui attribue

---

[1] « Monuit Liviam ne arcana domus, ne consilia amicorum, ministeria militum vulgarentur. » (Tacit. *Annal.* I, vi.)

Voir encore Tacite, *Ann.* XIV, lix, pour le secret gardé sur l'exécution de Sylla et de Plautus egorgés de même par des soldats.

[2] « Igitur, non crimine, non accusatore exsistente, quia speciem judicis induere non poterat, ad vim dominationis conversus, Gerelanum tribunum cum cohorte militum immittit. » (Tacit. *Annal.* XV, lxix.)

à un détachement de l'armée le crucifiement de Notre-Seigneur : une phrase de Sénèque, un paragraphe de Tertullien, puis une loi du Digeste. J'examinerai d'abord les deux premiers passages.

Dans sa note sur le centurion dont parle l'Évangile, Grotius renvoie au livre *De ira*, où Sénèque raconte comment un soldat, condamné disciplinairement à périr, fut mené au supplice par un centurion [1]. Pour prouver que Jésus a été exécuté par le bras militaire, Baronius cite un fragment du traité *De corona militis*, où Tertullien, afin de détourner les chrétiens du métier des armes, montre les soldats garrottant, emprisonnant, torturant les coupables et les mettant à mort [2]. Ces rapprochements ne me paraissent pas avoir ici une valeur décisive. Chez les Romains, et suivant une coutume qui a survécu, les soldats étaient châtiés et suppliciés par leurs compagnons d'armes. Nous l'apprenons par plus d'un témoignage, et, pour n'en citer qu'un, par celui de Sénèque, puisque le texte même qu'invoquent Grotius et tant d'autres montre un *speculator* [3], c'est-à-dire un de ceux qui, dans l'armée, remplissaient les fonctions de bourreau, prêt à décapiter le condamné. C'est ce cruel office que rappelle Tertullien, et certes à propos, puisque son traité met précisément en scène un *speculator* [4]. Je n'oserais

---

[1] Lib. I. cap. XII.

[2] « Et vincula et carcerem et tormenta et supplicia administrabit, nec suarum ultor injuriarum? » (*De cor. mil.* cap. XI.)

[3] Les textes divers que j'aurai à citer ici et qu'il ne m'appartient pas de corriger, emploient pour désigner l'exécuteur tantôt *speculator*, tantôt *spiculator*. La première de ces leçons se trouve dans saint Marc (VI, 27), dans Sénèque (*De ira*, I. XVI; *De benef.* III, XXV), dans le Digeste (XLVIII, XX, 6), et dans Firmicus Maternus (*Mathes.* VIII, XXVI). Les Actes de saint Claude et de saint Cyprien, la Vulgate traduisant saint Marc (VI, 27), saint Jérôme (*Epist.* I ad Innocent.) et Rufin (*Hist. eccles.* lib. VI, cap. V) adoptent la seconde. La version antique des Actes de saint Tarachus traduit par *spiculator* le mot σπεκουλάτωρ du texte grec. (§ I. *Acta sincera*, p. 423.)

[4] *De corona militis*, cap. I.

donc voir dans les passages cités autre chose qu'une mention relative aux exécutions militaires. Une deuxième considération m'engage, d'ailleurs, à décliner ici l'autorité que l'on prête au texte de Tertullien. Nous savons par Eusèbe et par les Actes des saints que, dans le supplice, les chrétiens n'étaient point distingués des criminels[1]. Or, si les soldats avaient dû mettre à mort d'autres condamnés que leurs compagnons d'armes, ils auraient eu de même à exécuter les martyrs, et Tertullien, qui, dans le fragment cité, accumule à l'excès les motifs propres à écarter le chrétien du service militaire, n'aurait point négligé, comme il l'a fait, cette raison, digne à coup sûr d'être invoquée tout d'abord.

Avant d'examiner le fragment du Digeste qu'allèguent encore tous les commentateurs, je dois noter un point important dans l'histoire de l'*apparitio*. Nous avons vu par les Verrines que sa force vive était une « manus armata et instructa. » En commentant un passage où Cicéron mentionne l'*accensus* d'un magistrat romain, le Pseudo-Asconius écrit : « Accensus nomen est ordinis et promotionis in militia, ut nunc dicitur princeps, vel commentariensis, aut corniculatus; hæc enim nomina de legionaria militia desumpta sunt[2]. » On n'a point encore, que je sache, déterminé l'époque à laquelle remontent ces paroles, qui nous font voir, dans l'*apparitio* et dans l'armée, mêmes grades et mêmes titres. Mais il est un autre témoignage qui porte sa date avec lui, c'est le passage où Eusèbe constate que Tertullien, né vers l'an 160, était fils d'un *centurio proconsularis*[3], c'est-à-dire d'un centurion de l'ap-

---

[1] Euseb. *De martyr. Palæst.* XI. — *Acta S. [illegible] [illegible]*, p. [illegible]. — [illegible] II. [illegible] I. I. [illegible]. Cic. [illegible] II. p. [illegible].

Chron. au. ann. Roncalli. *Vetust. lat. chron.* t. I. p. 470 : « Tertullianus Afer, centurionis proconsularis filius. » — Cf. Hieron. *Catal. script. eccles.* § 53 ; Comme

paritio[1]. Ce serait, à coup sûr, grand hasard que la création de ce grade datât précisément de l'époque à laquelle nous le voyons mentionner. Il n'y a donc rien, je crois, d'illégitime à supposer à cet office une antiquité quelque peu supérieure à celle dont témoigne notre texte; et si l'on rapproche ici les uns des autres les mots *accensus, manus armata et instructa, centurio proconsularis*, on sera sans doute fondé à croire que la similitude des titres de l'armée et de l'*apparitio*, le caractère militaire de cette agence, sont choses anciennes. C'est là ce que pensait, à coup sûr, le saint évêque d'Hippone, puisque le passage que j'ai cité plus haut[2] identifie les *apparitores* avec les *milites* dont parle l'Évangile. Telle est d'ailleurs aussi la doctrine des plus habiles jurisconsultes, qui montrent, dès le temps du Haut-Empire, le nom de soldats donné aux appariteurs[3],

---

le montre la mention d'Eusèbe, l'office de *centurio proconsularis* était une charge permanente, ainsi que l'étaient d'ailleurs celles de l'*apparitio*. (Paul. *Sentent.* II, 1, 5.) Il ne faut pas confondre les membres de cette agence avec les soldats mis temporairement à la disposition du gouverneur (Plin. *Epist.* X, xxxii, xxxvi, etc. Renier, *Inscr. de l'Alg.* n° 5), et que nous ne voyons nulle part remplir, comme le font les appariteurs, le rôle de questionnaire et de bourreau.

Nous trouvons de même dans d'autres textes l'*apparitio* et les appariteurs désignés par les expressions « officium proconsulare, « viator consularis, tribunitius viator, scriba « ædilitius, scriba quæstorius, præsidialis « apparitor, præfectianus adparitor, » etc. (L. 3, *De apparit. procons. Cod. Just.* XII, 56. — Gruter, 626, 1; 627, 2. — Val. Max. IX, 1. — Cic. *Pro Cluent.* xiv. — Muratori, 1096, 1. — Amm. Marc. XVII, iii.)

[2] Page 4.

Godefroy, Comment. sur la const. 1, *De custodia reorum.* (*Cod. Theodos.* l. IX, tit. 3.) Dans le récit de l'arrestation de saint Cyprien, martyrisé en 258, le diacre Pontius désigne sous le nom de *milites* (§ 15) les hommes qui accompagnaient le *princeps officii* du proconsul (*Acta proc. S. Cypr.* § 2), et qui ne pouvaient ainsi, selon toute vraisemblance, être que des appariteurs. J'ai dit plus haut que, dans les Actes de saint Vincent et les poëmes de Prudence, les gens de l'*apparitio* sont appelés indifféremment *tortores, carnifices, apparitores, ministri, lictores*. L'expression *milites* alterne dans les mêmes textes avec ces appellations. (*Acta S. Vincent.* loco cit. Rapprocher, dans Prudence, *Peristeph.* hymn. X, *S. Rom.* les vers 445-450 des vers 451, 452.) Lactance dit de même : « officiorum omnium milites. » (*De mort. persec.* cap. XXXI.

leur groupe appelé *manus militaris*[1], et, sans connaître, paraît-il, les témoignages que nous fournissent Eusèbe et saint Augustin, font voir, avec l'aide du Digeste, dans l'agence des magistrats romains, des titres presque entièrement semblables à ceux qu'y marquera plus tard la Notice de l'Empire, ceux de *centurio*, de *cornicularius*, de *commentariensis*, d'*optio*, de *speculator* et de *strator*[2].

Alors que ces noms, empruntés à la langue des camps, se rencontrent dans les écrits anciens, la confusion peut naître, et l'on doit parfois se demander si les textes qui les présentent mentionnent des membres de l'armée ou bien de simples appariteurs. Il en est ainsi pour le fragment d'Ulpien, rapporté unanimement ici par les commentateurs de l'Évangile, et qui nomme, en parlant des exécutions capitales, le *speculator*, l'*optio*, le *commentariensis*.

Après avoir cité un rescrit d'Hadrien qui modifie l'ancien usage dans la répartition des *pannicularia*, c'est-à-dire des dé-

[1] Voyez : Godefroy, Comment. sur la constit. 1. *De offic. judic. militar.* (*Cod. Theod.* l. I. tit. 9); — Walter, *Hist. de la proc. civ. chez les Romains*, traduction de M. Laboulaye, ch. viii, p. 84; — Zimmern, *Traité des Actions*, t. xv, p. 193 : — Bethmann Hollweg, *Der Civil-Prozess*, éd. de 1865. t. II, p. 160; — Pellat, *Principes du droit romain sur la propriété*, p. 372. — Les textes invoqués ici énoncent que l'évincement du plaideur condamné, et, pour son adversaire, l'envoi en possession se feront par des agents de la force publique, qui ne pouvaient être des soldats, comme le montre Zimmern (*loc. cit.*). Pour indiquer cette voie d'exécution, Ulpien emploie indifféremment les mots : « Per viatorem aut officialem prefecti » (l. 5, § 27. Et in possessionem esse liceat; *Digest.* XXXVI, 4); « Manu ministrorum » (l. 1, § 2, *Si ventris nomine... Digest.* XXV, 5); « Manu militari » (l. 68, *De rei vindicatione; Digest.* VI, 1); « Per manum militarem » (l. 3, pr. *Ne vis fiat ei qui in possessionem missus fuerit; Digest.* XLIII, 4). D'autres lois concourent à montrer que l'exécution des jugements était confiée aux appariteurs. qualifiés d'ailleurs par les Institutes de Justinien (IV, vi, § 24); « Exsecutores litium. » Voir l. 23, § 3, *Quod metus causa...* (*Digest.* IV, 2, Ulp.); l. 50, *De evictione. Digest.* XXI, 2, Ulp.); l. 2, *Si in causa jud.* (*Cod. Just.* VIII, 23. Alex. Sev.); Papin. *Respons.* XXIX.

[2] Bethmann Hollweg. *Der Civil-Prozess*, t. II, p. 158.

pouilles des suppliciés, le célèbre jurisconsulte s'exprime ainsi :
« Neque speculatores ultro sibi vindicent, neque optiones ea
« desiderent quibus spoliatur quo momento quis punitus est.
« Hanc rationem non compendio suo debent præsides vertere,
« sed nec pati optiones sive commentarienses ea pecunia abuti;
« sed debent ad ea servari quæ jure præsidum solent erogari :
« ut puta chartiaticum quibusdam officialibus inde subscri-
« bere; vel si quid fortiter fecerint milites, inde eis donare ;
« Barbaros etiam inde munerari venientes ad se, vel legationis
« vel alterius rei causa. Plerumque etiam inde conrosas pecu-
« nias præsides ad fiscum transmiserunt; quod perquam nimiæ
« diligentiæ est, cum sufficiat si quis non in usus proprios ver-
« terit, sed ad utilitatem officii patiatur deservire[1]. »

Avec ce texte depuis si longtemps produit pour démontrer
que les soldats mettaient à mort les condamnés et s'en partageaient les dépouilles, un savant confrère m'oppose le passage
suivant, tiré des Actes des martyrs et où l'on voit un gouverneur chargeant de l'exécution de trois chrétiens le *spiculator* et
le *commentariensis*, c'est-à-dire deux de ces hommes dont les
titres se trouvent également dans l'*apparitio* et dans l'armée :
« Sub cura Euthalii commentariensis et Archelai spiculatoris,
« foras civitatem hi tres fratres, ut digni sunt, crucifigan-
« tur[2]. »

Il n'aura point échappé au lecteur que, dans le fragment du
Digeste, les mots *officialis*, *officium* reviennent par deux fois, et
que les soldats n'y sont nommés qu'en passant. Il y a là, si je
ne me trompe, une première raison de se demander si l'*optio*,
le *speculator* et le *commentariensis* dont s'occupe particulière-
ment la loi n'appartiennent pas plutôt à l'agence du magis-

---

[1] L. 6, *De bonis damnatorum.* (*Digest.*
XLVIII, 30.)

[2] *Acta S. Claud. Aster.* § 4. (*Acta sinc.*
p. 268.)

trat qu'à l'armée[1]. J'ajoute que, si l'on se reporte aux faits notés plus haut et qui montrent les appariteurs chargés, dans tous les temps, de mettre à mort les condamnés, la question me semble devoir se résoudre par l'affirmative. En ce qui touche le *commentariensis*, le *spiculator*, mentionnés dans les Actes de saint Claude, et au sujet desquels cette dernière raison doit également être invoquée, il est une autre circonstance qui vient ici nous apporter secours.

L'un des points qui s'accusent le plus nettement dans le procès des saints est le mode de présentation des accusés au magistrat. Nous voyons par six textes différents, pris dans les *Acta sincera* de dom Ruinart, qu'il appartenait à l'*officium* d'introduire le martyr devant le juge.

Je transcris les passages dont il s'agit :

Martyres Scillitani, § 1 : « Adducti ergo in secretario Carthaginis, apparitorum officio, Sperato, Nazario, » etc.

Acta S. Fructuosi, § 2 : « Augurinum et Eulogium intromittite. Ex officio dictum est : Adstant. »

Acta S. Saturnini, § 5 : « Cum igitur ab officio proconsuli offeruntur... »

Acta S. Didymi, § 4 : « Ex officio dictum est : Adstitit Theonilla. »

Acta S. Crispinæ, § 1 : « In secretario, pro tribunali adsidente Anulino proconsule, commentariense officium dixit : Thagarensis Crispina quæ legem Dominorum Principum contemsit, si jubes audiatur. »

Acta S. Quirini, § 4 : « Quem præses Amantius per officium suum offerri sibi jussit in theatro[2]. »

---

[1] Le nom d'*officium* était celui qui, sans effacer celui d'*apparitio*, dominait au temps d'Ulpien. Employé dans le sens d'agence, de bureau, il se montre dès le milieu du premier siècle.

[2] Il y a peut-être lieu d'inscrire encore

Ces passages, qu'appuie un texte d'Apulée[1], suffisent à montrer, je le pense, que le soin de présenter les accusés au juge incombait aux agents de l'*apparitio*, et que la formule très-classique « Adstat » ou « Adstitit » s'employait à cette occasion. Les paroles et les actes du *commentariensis* nommé dans le document que l'on m'oppose sont conformes au rôle que les textes cités attribuent aux appariteurs. Cinq martyrs sont amenés devant le tribunal, et par cinq fois le *commentariensis*, les présentant au magistrat, prononce les mots sacramentels : « [Clau- « dius] ante conspectum claritatis tuæ adstat..... Adstat Aste- « rius frater secundus..... Adstat frater ipsorum tertius, nomine « Neon..... Secundum præceptum claritatis tuæ, domine, ad- « stat Domnina..... Adstat Theonilla. » Il n'est donc point, je crois, trop téméraire de tenir pour un membre de l'*apparitio* celui que son titre et ses actes rattachent en même temps à cette agence[2].

Voilà pour le *commentariensis*. Qu'il en soit ainsi du *spiculator* nommé avec lui dans le texte cité, cela résulte et de ce rapprochement même et aussi d'autres Actes de martyrs et d'un passage de saint Jérôme. Le récit de la passion de saint Rogatien et la lettre à Innocentius nomment en effet tantôt *lictor*, tantôt *spiculator* le bourreau qu'ils mettent en scène[3],

---

ici le passage suivant, dont le sens est moins bien déterminé : « Tunc compre- « hensus Julius ab officialibus oblatus est « Maximo præsidi. » (*Acta S. Jul.* § 1.) Dans le texte des Actes de saint Félix, donné par Baluze, on lit encore : « Cumque ejus ad- « ventum Magnilianus comperisset, statim « eum sibi per officium præsentari consti- « tuit. » (*Acta S. Fel. episc. Tubyzacensis*, à la suite des Œ*uvres* de saint Optat, p. 228.) Voy. encore Lydus, *De magistrat.* III, xviii.

[1] « Tunc me per proscenium medium « velut quamdam victimam publica mini- « steria perducunt, et orchestræ mediæ « sistunt. » (*Metam.* III, t. I, p. 177.)

[2] Le récit du martyre de saint Boniface met en scène un autre *commentariensis* de l'*apparitio*. § 14 et § 15. *Acta sincera.* p. 289, 290.)

[3] *Passio SS. Rogat. et Donat.* § 6. (*Acta sinc.* p. 282.) — Hieron. *Epist.* I ad Innocentium, § 7 et § 8.

attestant ainsi que dans l'*apparitio* figurait un agent de ce grade, chargé de frapper les condamnés. Ainsi me paraît s'établir la condition réelle du *commentariensis* et du *spiculator* mentionnés par les Actes de saint Claude et de saint Astère.

Pour la loi d'Ulpien, à laquelle ce que je viens de dire s'applique naturellement, puisque, à propos d'exécutions, elle nomme aussi les mêmes officiers, j'ajoute que les hommes spéciaux en attribuent, comme je le fais moi-même, les dispositions aux appariteurs. Telle est, en effet, l'appréciation unanime des jurisconsultes qui ont examiné ce document au point de vue qui m'occupe, Panciroli [1], Jacques Godefroy [2], Dirksen [3], Bethmann Hollweg [4], dont je tiens à citer les noms; car il m'importe de montrer que, si mes conclusions sont nouvelles, les voies qui m'y conduisent sont celles qu'ont suivies les maîtres de la critique.

Entre les soldats et les appariteurs, malgré l'organisation militaire donnée, comme je l'ai dit, à ce groupe d'agents, la distance était grande. Nous le voyons, dès les temps anciens, par un épisode des guerres puniques. En racontant, d'après Caton, que, au mépris de la loi, des décemvirs ont été flagellés par les Bruttiens, Aulu-Gelle donne, au sujet de ces derniers, l'explication suivante :

Lorsque le Carthaginois Hannibal était en Italie avec son armée, et à la suite de quelques combats malheureux pour les Romains, les Bruttiens furent les premiers Italiens qui passèrent à l'ennemi. Les nôtres s'en irritèrent, et, après le

[1] *Notitia dignitatum*, cap. XIII, édition de Lyon, p. 111 v°.

[2] Commentaire sur la constitution 5, *De custod. reor.* (*Cod. Th.* IX, 3) : « Commentariensis de cujus hæc lex fit mentio...

» et l. 6. D. *De bonis damnatorum*, est officialis judicis. »

[3] *Manuale latinitatis juris romani*, v° SPECULATOR.

[4] *Der Civil-Prozess*, t. II, p. 158.

« départ d'Hannibal et la défaite de ses troupes, afin de flétrir
« les Bruttiens, ils refusèrent de les recevoir sous les drapeaux
« et de les traiter en alliés. Ils les employaient, comme esclaves,
« au service des magistrats envoyés dans les provinces. Ces
« hommes, accompagnant les juges, remplissaient le rôle que
« les comédies prêtent aux *lorarii*, garrottant et frappant ceux
« qui leur étaient désignés[1]. »

Les fonctions dévolues à l'*apparitio* avaient fait de cette troupe
un objet de mépris. J'en ai donné ailleurs des preuves nombreuses et qui concourent à montrer que les soldats ne prenaient point part aux exécutions, dont elle était légalement chargée. Qu'il me suffise de rappeler ici combien était grande la distance qui la séparait de l'armée. Le passage d'Aulu-Gelle l'établit tout d'abord pour les temps antiques, puisque le service de répression avait été imposé aux Bruttiens, alors que, afin de les avilir[2], on les excluait de la milice. Au ive siècle, Julien l'Apostat, pour dégrader les clercs, emploie le même moyen[3]. Taudis que le service militaire constituait une sorte de noblesse et conférait des priviléges, les hommes de police, la *fæx officiorum*, comme le disait publiquement l'empereur Constantin[4], étaient tenus pour des personnes viles, ainsi que l'indique le mot εὐτελής, devenu, sous le Bas-Empire, synonyme de *cohortalis*[5].

Une page d'Apulée marque, d'ailleurs, à quel degré les fonctions de l'*apparitio* étaient distinctes de celles de la *militia castrensis*. On sait l'historiette de ce légionnaire qui, dans le

[1] X, iii. Cf. Appian. *De Bello Annib.*
xi; — Strab. V, xiii.

[2] « Ignominiae causa. »

[3] Κληρικοὺς δὲ ἐγγραφῆναι [προσέτα
ξεν] τῷ καταλόγῳ τῶν ὑπο τὸν ἄρχοντα
τοῦ ἔθνους σ]ρατιωτῶν· ὁ δαπανηρὸν εἶναι
σφόδρα καὶ ἐπονείδισ]ον ἐν ταῖς τῶν Ῥωμαίων σ]ρατιαῖς νομίζεται. (Sozom. *Hist. eccl.* V, iv.)

[4] L. 6, *De dignit.* (*Cod. Just.* XII, i.

[5] *Basilic.* I. XLV, tit. i, § 56. éd. Heimbach, t. IV, p. 502.

roman de la Métamorphose, est chargé de coups par un jardinier. Celui-ci s'enfuit et se cache. Des compagnons d'armes du soldat découvrent la retraite du fugitif, et, chose remarquable dans un temps où la force brutale semblerait n'avoir guère connu de frein, ces hommes irrités s'arrêtent au seuil de la maison où s'est réfugié le paysan. Une visite domiciliaire ne peut être faite que par le magistrat. Les légionnaires l'appellent et prétendent que le jardinier a volé un vase d'argent. La perquisition est ordonnée, et s'opère, en présence des soldats, par la main des appariteurs[1].

La distinction des rôles s'accuse encore dans un autre document plus important au point de vue qui m'occupe, parce qu'il nous reporte au temps du Christ et qu'il est relatif à des exécutions capitales.

L'an 38, c'est-à-dire environ cinq ans après le crucifiement de Jésus, les Israélites d'Alexandrie souffrirent d'indignes violences. Les gens de la ville les attaquèrent, brûlèrent leurs demeures, quelques-uns de leurs temples, et profanèrent les lieux consacrés que le feu n'avait pas détruits. Les Juifs furent accablés de mauvais traitements, et plusieurs d'entre eux périrent sous les coups de la populace. Avilius Flaccus, préfet d'Égypte, s'associa à cette persécution. Trente-huit chefs des Israélites et quelques hommes de la même race furent arrêtés, et, dans le théâtre, suivant une coutume que rappellent souvent les Actes des martyrs, ces malheureux, saisis par ordre du magistrat, comparurent devant son tribunal. Là, frappés de verges et torturés, ils furent condamnés sur l'heure et emmenés pour être mis en croix. Par quelles mains s'accomplirent ces actes? Philon ne le dit point d'une façon précise, mais

---

[1] « Immissis lictoribus ceterisque publicis ministeriis. » (IX, t. I. p. 674.) — Τινὰ τῶν ὑπηρετῶν πέμπουσι. (Lucian. Lucius, § 45.)

l'ensemble du récit et les données que j'ai réunies plus haut
sur les agents d'exécutions montrent suffisamment qu'ici encore figurèrent les appariteurs[1]. Et, comme pour mieux montrer d'ailleurs que les soldats n'y furent point employés, l'auteur
ajoute : « On imagina de nous faire souffrir encore d'autres
« maux. Devant une nouvelle calomnie, Flaccus voulut jeter
« aussi sur nous l'armée. Il avait été dit que les Israélites ca-
« chaient des armes dans leurs demeures. Le préfet appelle
« près de lui un centurion qui avait sa confiance, lui ordonne
« de prendre les hommes les plus ardents de sa cohorte et d'en-
« vahir sur l'heure, à l'improviste, les maisons suspectes pour
« y chercher les armes. Le centurion remplit avec grand zèle
« la mission qui lui était confiée[2]. »

Tel est, en matière de répression, le rôle de l'armée romaine, qu'aucun texte classique ne nous montre exécutant les
malheureux condamnés par jugement du magistrat. Sous le
règne de Caligula, comme plus tard sous les empereurs chrétiens[3], elle n'intervient que pour prêter main-forte et seulement quand l'importance d'une opération qui intéresse l'ordre
public dépasse la mesure des moyens d'action dont dispose
l'*apparitio*.

Maintenant et devant les paroles des livres saints qui montrent le Seigneur et les deux larrons crucifiés par des soldats,
quelle doit être notre conclusion? Faut-il songer, malgré des
signes contraires, à l'existence d'un régime pénal particulier à
la Judée? Y a-t-il eu ici, comme dans d'autres circonstances,

---

[1] C'est ainsi que l'a compris Baronius,
qui, pour la flagellation du moins, met
ici en scène les licteurs du préfet, bien
qu'il attribue, d'ailleurs, à des soldats les
actes relatifs à la Passion du Christ. (*Annales,* an. 34, § 85.)

[2] Philo, *Ad. Flacc.* éd Mangey, t. II,
p. 528-529.

[3] L. 10, *De episc.* L. 2, *De his qui latron.*
(*Cod. Just.* I, 3, et IX, 39.) Cf. l. 1, *De off.
præf. Aug.* (*Ibid.* I, 37.)

défaut de précision chez les évangélistes, ou bien le caractère militaire de l'*apparitio* était-il, dès leur temps, suffisamment marqué pour que des hommes de cette agence aient pu être régulièrement désignés, comme nous le voyons plus tard, sous le nom de soldats? C'est vers cette solution que le grave témoignage de saint Augustin me porte à incliner. Admettre, sur la foi du saint évêque, la dernière hypothèse, me paraît en effet moins périlleux que de supposer avec les modernes, et malgré les enseignements de l'histoire, qu'une exécution capitale ordonnée par le juge civil ait pu être confiée aux soldats d'une cohorte militaire.